Wer weiß was über

Neons & Co. ?

Helmut Stallknecht

Tetra Verlag
GmbH

Frontcover:

Paar des Roten Neons, *Paracheirodon axelrodi*

Schwarm des Neons, *Paracheirodon innesi*

Fotonachweis: K. Arendt 16, 25, 29 o., 58 u., 60 o., u., 61 o., u., 62 o., 63, D. Bork 53, 54 u., 55, 56, 57, J. Elias 50, 51, H.-G. Evers 3, 7, 31 o., 33, 58 0., Dr. H.-J. Franke 9, 14, 28, 31 u., 40, 52, J. Glaser Backcover, 4, 59 o., Dr. H.-J. Herrmann 8, 20 u., 22-23, 26, 27, 32, 59 u., K. Jürchott 64 o., H. Linke 18, 24, 34, 35 o., u., 36, 37, 48-49, H. Pinter 6, 10, H.-J. Richter Frontcover, 4-5, 11, 12-13, 15, 17, 20 o., 29 u., 30, 38-39, 41 o., u., 43, 54 o., 64 u., F. Schäfer 62 u., W. A. Tomey 19, Verlagsarchiv 20-21, 44, 45, 46, 47

1. Auflage 2000

Druck: Mediaprint Paderborn

ISBN: 3-89745-180-8

Inhalt

Neonsalmler, Paracheirodon innesi

Der Wunsch nach bunten Fischen

Neonsalmler sind so häufig wie kaum andere Aquarienfische als Titelfoto für Bücher oder Zeitschriften, als Werbung für Ausstellungen oder als Symbol und Inbegriff der Aquaristik verwendet worden. Das ist seit 1936 so. Vorher waren Guppy und Skalar, danach auch der Diskus-Buntbarsch ähnlich werbewirksam. Doch muß man heute genauer nachfragen, welcher Neonsalmler gehalten wird – es gibt inzwischen nämlich deren drei, ganz abgesehen davon, daß es Handelsbezeichnungen gab und gibt, die auch anderen, nicht einmal nahe verwandten Salmlern, mit dem Beinamen „Grüner“ oder „Schwarzer“ Neon Popularität verschaffen sollten.

links: Glühlichtsalmler (Hemigrammus erythrozonus), oben Männchen, unten Weibchen
rechts: Roter Neon (Paracheirodon axelrodi), oben Weibchen, unten Männchen

Roter Neon (Paracheirodon axelrodi), links Weibchen, rechts Männchen

mehrten Stämme, daß unter den mitgebrachten Wildfängen hinreichend „elastische“ Exemplare waren, die mit den in Aquarien gebotenen Bedingungen zurecht kamen. Deren Jungfische wiederum kannten nur Aquarienbedingungen, und so gehen viele Stämme auf oft nur wenige Stammeltern zurück. Das betrifft – zum Glück für die Aquarienfreunde – auch den oder die Neonsalmler, die längst nicht mehr mit der anfangs bestehenden Haltungs- und Fortpflanzungsproblematik verbunden sind.

Steckbriefe

Roter Neon, Kardinalsalmler
Paracheirodon axelrodi
(SCHULTZ, 1956)

Heimat: Brasilien (Rio Negro-Zuflüsse), auch Venezuela (Zuflüsse zum Oberlauf des Orinoco)

Haltung: Wildfänge müssen in weichem Wasser (Gesamthärte 1-4°dH, pH 5-6) und bei 25-28°C gehalten werden, Aquarien-Nachzuchten vertragen auch härteres Wasser (bis 15°dH, pH um 7). Dunkler Bodengrund (Torf, Eichen- oder

Buchenblätter), stellenweise dichte Bepflanzung und eine schattierende Schwimmpflanzendecke lassen das leuchtende Blau auf kräftigem Rot besser zur Geltung kommen als heller Kies und lockerer Pflanzenwuchs. Lebt in Schwärmen nahe am Boden. Nach richtiger Eingewöhnung unproblematisch und über fünf Jahre alt werdend.

Zucht: Gelingt nicht mühelos. Meist ist ein Gruppenansatz von zehn und mehr Tieren mit Männchenüberhang erfolgreicher als der Ansatz einzelner Paare. Weiches Wasser und dunkle Aufstellung des Zuchtbeckens sind wichtige Voraussetzungen. Der Laichakt findet spät abends oder nachts statt. Der Laich ist rötlich-braun, unbefruchtete (weiße) Eier entfernen. Der Schlupf erfolgt temperaturabhängig nach 30 (28°C) bis 35 (26°C) Stunden. Die Jungfische suchen die dunkelsten Stellen auf und sammeln sich unter einem einsehbar angeordneten Höhlenangebot (Blumentopfscherbe), wo man kontrollieren kann, ob sie das Futter angenommen haben. Als Erstfutter sind Rädertierchen oder Kleinkrebs-Nauplien erforderlich, erst von der dritten Woche an werden frisch geschlüpfte Artemia-Nauplien bewältigt. Diese sammeln sich aber an der hellsten, die Jungfische an der dunkelsten Stelle, deshalb Durchlüftung in der hellsten Ecke montieren, um die Futtertiere zirkulieren zu lassen.

Allgemeines: Mitte der 50er Jahre erstmalig eingeführt und

Paar des Roten Neons (Paracheirodon axelrodi), obem Männchen, unten Weibchen

Roter Neon (Paracheirodon axelrodi), oben Weibchen, unten Männchen

erst drei Jahre später gezüchtet. In der älteren Aquarienliteratur auch unter dem Namen *Cheirodon axelrodi*, *Lamprocheirodon axelrodi* und *Hyphessobrycon cardinalis* zu finden. Die umstrittene Einordnung der beiden Erstbeschreibungen in die Gattungen *Cheirodon* bzw. *Hyphessobrycon* führten zur Überarbeitung der systematischen Stellung auch des bis dahin bekannten Neonsalmlers, der in der Gattung *Hyphessobrycon* erstbeschrieben wurde.

Neonsalmler, Kolibrifisch
Paracheirodon innesi
(MYERS, 1936)

Heimat: Peru in Zuflüssen zum Oberlauf des Solimoes (Amazonas)

Haltung: Im Handel Farmzuchten aus Südost-Asien, Wildfänge aus Peru und Nachzuchten aus Aquarien, daher sind die Erfahrungen bei der Eingewöhnung nicht einheitlich. Nicht überstürzt kaufen, sondern erst abwarten, wie die Tiere nach einer Woche Hälterung im Handel aussehen! Nach der Eingewöhnung sind sie unproblematisch, wenn sie nicht zu warm (22 - 24 °C) in beschatteten, teilweise dicht bepflanzten Aquarien gehalten werden. Heller Kies, zu hohe Temperaturen und beunruhigende Beifische führen zu Stress und erhöhter Anfälligkeit. Zeigen im Schwarm deutlich gesteigertes Wohlbefinden. Neonsalmler erreichen ein Alter bis zu fünf Jahren, Männchen sind bis zum 4. Lebensjahr zuchtfähig.

Zucht: Längst ist die Neonsalmler-Zucht prinzipiell als gelöst anzusehen, doch bereiten peruanische Wildfänge noch immer die größten Schwierigkeiten. Aquarienstämme konnten, wenn auch nicht sonderlich produktiv, in bis zu 10°dH und pH 7 aufweisendem Wasser vermehrt werden. Das gelingt mit Wildfängen nicht, für sie ist Wasser von 1 bis 4°dH, pH 5-6 erforderlich. Der Ansatz kann paarweise in recht kleinen Aquarien (1-3 l) erfolgen. Kein grelles Licht, aber auch nicht so dunkel, wie es bei *P. axelrodi* Voraussetzung ist. Pro Weibchen sind um 100 Eier zu erwarten, die glasklar sind. Unbefruchtete (weiße) Eier abziehen. Jungfische schlüpfen schon

Neonsalmler (Paracheirodon innesi), oben Weibchen, unten Männchen

nach 20 Stunden und schwimmen vom 4. Tag nach dem Schlupf an frei. Sie drücken sich an Scheiben, Pflanzen oder den Boden und lassen nicht erkennen, daß sie schon schwimmfähig sind und Futter brauchen. Anfütterung mit Kleinkrebs-Nauplien, ab 2. Woche mit frisch geschlüpften *Artemia*-Nauplien. Das Wachstum ist zügig, nach vier Wochen bereits um 2 cm groß. Gegen zu hohe Wärme (nicht über 24°C!) und pH-Werte über 7,5 (Ammoniak!) empfindlich.

Allgemeines: Zunächst wurde der Fisch 1936 als *Hyphessobrycon innesi* beschrieben und erst neu bearbeitet, als gleichzeitig zwei Beschreibungen des Roten Neon als *Cheirodon axelrodi* und *Hyphessobrycon cardinalis* erfolgten. Seit seiner Einfuhr einer der beliebtesten Aquarienfische, erst übertroffen vom 1956 importierten Roten Neon, *P. axelrodi*.

Paar des Neonsalmlers (Paracheirodon innesi), oben Weibchen, unten Männchen

Blauer Neon, Falscher Neonsalmler
Paracheirodon simulans
(GÉRY, 1963)

Heimat: Brasilien, Zuflüsse des Rio Negro, mitunter vergesellschaftet mit *P. axelrodi.*

Haltung: siehe *P. axelrodi,* jedoch wesentlich empfindlicher auf unzureichende Bedingungen reagierend.

Zucht: Wird die Art schon nur selten gehalten, so sind Zuchtversuche ebenfalls nur vereinzelt gelungen. Die sehr scheuen und störanfälligen Fische sollten eher in Gruppen als pärchenweise angesetzt werden. Wasserwerte wie bei *P. axelrodi* angegeben. Es können mehrere Tage der Eingewöhnung vergehen, auch dann ist die Eiablage gering, erfolgt aber an aufeinander folgenden Tagen mehrmals (Dauerlaicher?). Insgesamt liegt noch immer ein zu geringer Erfahrungsschatz vor, um zu gültigen Verallgemeinerungen zu kommen.

Allgemeines: Obgleich heute wissenschaftlich in einer Gattung mit den anderen Neonsalmlern erfaßt, ergibt der aquaristische Vergleich doch Unterschiede im Paarungsverhalten, die eine systematische Zuordnung entsprechend der ursprünglichen wissenschaftli-

Blauer Neon (Paracheirodon simulans)

chen Beschreibung in die Gattung *Hyphessobrycon* nahelegen. Zu beachten ist auch der Verlauf des Leuchtbandes vom Auge in die Schwanzwurzel, bei den anderen Neonsalmlern in die Fettflosse.

Ein Aquarium für Neons

Man kann keinem Aquarianer vorschreiben, wie er seine Aquarien bepflanzt und mit welchen Fischen er sie besetzt. Dennoch sind vielleicht ein paar Ratschläge willkommen, um den Neonsalmlern die ihnen zusagenden Bedingungen zu gestalten. Gewiß sieht man in vielen Gesellschaftsaquarien neben anderen Fischen auch Neonsalmler, doch wird man damit dem Charakter der Fische nicht immer gerecht. Sie wirken nun einmal nur im Schwarm, und so sind auch sechs Tiere unter Schwertträgern, Fadenfischen, anderen Salmlern und gar Bar-

Paar des Blauen Neons (Paracheirodon simulans), oben Männchen, unten Weibchen

ben letztlich nur eine Randerscheinung. Sie halten sich dann abseits vom Trubel zwischen den Pflanzen auf und kommen so nicht zur Geltung. Es gibt noch ein anderes Problem: Unter den erwähnten Fischen gibt es viele Arten, die einfach ein anderes Temperaturoptimum besitzen. Fadenfische zum Beispiel fühlen sich bei Temperaturen ab 26°C wohl, es können eher 30°C sein. Das ist für Neonsalmler viel zu warm. Hält man andererseits die Fadenfische bei 22 bis 24°C, so kommen die nicht recht zur Geltung und werden sich niemals wohl fühlen.

Es ist schon so: In einem nur ihnen oder vorwiegend ihnen vorbehaltenem Aquarium kommen sie am besten zur Geltung, dann aber auch so, daß ihre kennzeichnende Eigenschaft, der intensive Blauglanz, hervorgehoben wird. Leider ist es üblich geworden, für Aquarien weißen Kies zu empfehlen, wahrscheinlich, weil der ganz besonders die Sauberkeit des Aquariums betont. Das ist eigentlich unsinnig, weil alle Fische ihre Färbung der Umgebung anzupassen bemüht sind. Sie werden blassere Farben zeigen, wenn der Untergrund hell ist, intensivere bei dunklem Bodengrund. Wer sich vom bereits vorhandenen weißen Kies nicht trennen möchte, kann dennoch mit schwarzen oder dunkelgrauen Schieferplatten, Wurzeln und gut abgespülten Eichen- oder Buchenblättern die allzu grelle Lichtreflektion dämpfen.

Leider stellen die Fundortbäche kein Vorbild im Sinne der Aquarianer für Einrichtung eines speziellen Beckens dar. Dort gibt es nämlich höchstens ein paar Uferpflanzen, die seitlich in das Wasser hineinhängen, keine Unterwasservegetation – nur Äste, Laub und Schlamm, der sich aus zersetzten Blättern gebildet hat. Nicht viele Aquaria-

Ein geeigneter Beifisch zum Blauen Neon ist der Zwergbuntbarsch Taeniacara candidi

ner wollen solch ein Schaubecken im Wohnzimmer haben. So ist auch gegen eine attraktive Bepflanzung nichts einzuwenden, weil sie Versteckmöglichkeiten bietet, falls die Neonsalmler einmal auf der Flucht Ruhepunkte suchen. Das hält ohnehin nicht lange an, weil der Schwarm schon bald wieder im freien Wasser erscheint und durch das Aquarium zieht.

Es ist jedem freigestellt, Pflanzen zu verwenden, wie er sie für attraktiv hält, wenn auch ganz „streng Gläubige" südamerikanische Arten bevorzugen. Wie gesagt, die Fundorte sind nahezu völlig pflanzenlos, also ist es den Neonsalmlern gleich-

Rote Neons (Paracheirodon axelrodi) sind besonders schön über dunklem Bodengrund, etwa Laub, gefärbt

ganz oben: Marmorbeilbauch (Carnegiella strigata) oben: Panda-Panzerwels (Corydoras panda) – beides geeignete Arten zur Vergesellschaftung mit Roten Neons

gültig, ob sie sich bei vermeintlicher Gefahr unter Froschlöffel-(*Echinodorus*-)Arten oder Wasserkelchen (*Cryptocoryne*) verbergen. Selbstverständlich muß man auch bei den Wasserpflanzen darauf achten, daß mit dem genannten Spielraum 22 bis 24°C deren Bedürfnisse an Wärme erfüllt werden, wenn es um die Haltung von *Paracheirodon innesi* geht.

Wer wegen anderer Fische über 25°C warme Aquarien betreibt, sollte allerdings lieber *P. axelrodi* wählen. Diese Fische sind zwar immer noch schwierig in der Zucht, vertragen aber, einmal eingewöhnt, mehr als die beiden anderen Arten.

P. simulans aber, klein, scheu und anfällig, bedarf ständiger Aufmerksamkeit, geht sonst im üblichen Gesellschaftsbecken und mit robusteren Arten gemeinsam gehalten, völlig unter.

Noch mit einer anderen Behauptung müssen wir uns auseinandersetzen. Gegner der Gesellschaftsaquarien fallen gern ins andere Extrem und behaupten, nur, wenn man jede Art für

sich in einem Aquarium hält, könne man das „wahre“ Verhalten beobachten. Demnach besteht dieses Verhalten vorwiegend aus Flüchten und Verstecken. Die Erfahrung zeigt nämlich, daß solche Fische kaum zu sehen sind und höchstens zur Fütterungszeit einmal kurz hervor kommen. Darüber hinaus ist das höchst unnatürlich, denn nirgends kommt eine Fisch-Art völlig allein vor, immer sind andere Arten zugleich vorhanden.

Das hat auch einen Sinn: Gerade Bodenfische – und alle Neonsalmler leben eher in Bodennähe, höchstens in der unteren Mittelwasserzone – orientieren sich in ihrem Schwimmverhalten oft nach Arten, die sich an der Oberfläche bewegen. Suchen sie lebhaft und unbefangen die Pflanzen ab, so kommen die anderen Fische hervor. Schießen diese Oberflächenfische erschreckt in die Pflanzen, so sind auch ebenso plötzlich alle anderen Fische verschwunden. Sobald sich die Lage entspannt hat, kommen erst die einen, später die von ihnen abhängigen wieder hervor.

Es wäre also falsch und würde relativ große Mengen von

Schwarm Roter Neonsalmler (Paracheirodon axelrodi), sonst meist am Boden, doch auch im Mittelwasser

Rote Neons (Paracheirodon axelrodi) sollten in der Anzahl dominieren, wenn sie in einem Gesellschafts-aquarium gemeinsam mit Beilbäuchen und anderen Fischen gepflegt werden

Neons voraussetzen, wenn man ausschließlich diese Fische halten will. Die Frage ist nur, welche Arten kann man ihnen beigesellen? Sie sollen schließlich ins Bild passen, gleiche oder ganz ähnliche Bedürfnisse an die Wasserzusammensetzung und die -temperatur stellen, schließlich auch nicht den Neons die Schau stehlen.

Im Laub der Fundortbäche leben kleine Buntbarsche, die in der Aquaristik mit der Sammelbezeichnung „Zwergcichliden" bezeichnet werden. Das sind Arten, deren Männchen höchstens 10 cm Länge erreichen, die Weibchen bleiben oft nur halb so lang. Von diesen Arten der Gattung *Apistogramma* gibt es im Handel mehrere, die zur Vergesellschaftung sehr gut geeignet sind. Es sollten allerdings, abhängig von der Beckengröße, nicht mehr als höchstens zwei Männchen und drei bis sechs Weibchen sein. Nur in Aquarien über 100 l Inhalt reicht die Bodenfläche für mehrere Männchen aus. Für die wärmer gehaltenen Neonsalmler (*P. axelrodi* und *P. simulans*) sind *Apistogramma agassizi* und *A. cacatuoides* geeignet, aber auch der bekannte Schmetterlingsbuntbarsch, *Microgeophagus ramirezi*. Durch Teile von Kokos-

nußschalen, unter denen diese Fische laichen, kann man die Orte vorgeben und sie dabei gut beobachten. Schmetterlingsbuntbarsche allerdings laichen lieber auf flachen Steinen oder Wurzeln, manche auch in Gruben. Deren Laichorte können dadurch sehr versteckt liegen. Man bemerkt nur am Verhalten des Paares, daß Laich oder Junge vorhanden sind. Dann werden sie vorübergehend aggressiv. Neonsalmler sind jedoch schnell genug und können ausweichen.

Die kühler zu haltenden Neonsalmler (*P. innesi*) sind besser mit den blau-gelben *Apistogramma borellii* (in zurückliegender Literatur *A. reitzigi* genannt) zu vergesellschaften. Auch die schlanken *Taeniacara candidi*, für die es bisher keinen deutschen Namen gibt, mögen keine so hohen Temperaturen. Im Verhalten sind sie ähnlich wie die schon genannten Zwergcichliden, vor allem droht den Neonsalmlern keine Gefahr.

Umstritten ist die Vergesellschaftung mit klein bleibenden Panzerwelsen der Gattung *Corydoras*. Wenn es nicht zu viele Exemplare sind, kann ein Trupp von Panda-Panzerwelsen, *C. panda*, gut wirken, auch andere kleine Arten, wie *C. hastatus* und *C. australe* stören nicht so sehr

Apistogramma borelli eignet sich als Beifisch für Neonsalmler (Paracheirodon innesi) im Gesellschaftsaquarium

wie die größeren und plumperen Arten. Vor allem muß man berücksichtigen, daß Panzerwelse dämmerungs- und nachtaktiv sind.

Wesentlich für die Harmonie in dieser Lebensgemeinschaft sind die in Oberflächennähe schwimmenden Arten. Wie in freier Natur bieten sich Ziersalmler (Gattung *Nannostomus*) und Beilbauchsalmler (Gattung *Carnegiella*) an. Das sind ruhige, ebenfalls im Gruppenzusammenhang ziehende Fische, deren gemessene Schwimmbewegungen die in Bodennähe verharrenden Neonsalmler entspannen.

Gegen auftretende Algenbeläge empfehle ich die kleinen Ohrgitterwelse der Gattung *Otocinclus*, gleichgültig, welche Art im Handel angeboten wird. Dagegen sollten die derben *Ancistrus*-Arten, die sonst in nahezu jedem Gesellschaftsaquarium diese Funktion haben, wegen ihrer zu hektischen Schwimmweise ausgeschlossen werden.

Dabei gehe ich von der Voraussetzung aus, daß ein solches Ensemble nicht durch Spontankäufe zustande kommt, sondern Ergebnis gereifter Überlegungen ist. Eigentlich sollte das für jede Vergesellschaftung gelten – leider wenden viele Aquarianer mehr Geld für die technische Ausstattung auf als Gedanken bei der Zusammenstellung ihrer Pfleglinge. Sicherlich hat die Praxis gezeigt, daß man viele Arten, die sich in der Natur niemals begegnen würden, durchaus in genügend großen Aquarien miteinander pflegen kann. Dabei wird man aber stets nur wenigen Arten in ihren Ansprüchen gerecht werden können, andere tolerieren die gebotenen Verhältnisse noch, und einige kommen eindeutig zu kurz. Um dieser „Sammelwut“ entgegenzutreten, muß künftig das Bestreben im Sinne einer verantwortungsvollen biologischen Haltung sein – nicht nur, um Gegnern der Haltung von Aquarienfischen den Wind aus den Segeln zu nehmen, vielmehr, um Aquarienkunde sinnvoll zu machen. Nicht das Sammeln von Fisch-Arten, sondern das Erfüllen von Bedürfnissen lebender Organismen ist die Zielstellung, vor allem bei der abgestimmten Vergesellschaftung von Arten. Daß unter natürlichen Verhältnissen so kleine Fische, wie es die Neonsalmler sind, auch die

Futterbasis für eine Reihe von Raubfischen darstellen, müssen wir nicht unbedingt nachahmen. Aber Wasserbeschaffenheit, eine Umgebung, in der das Leuchtband zum Schwarmzusammenhalt führt und Mitbewohner, die einander ergänzen und nicht konkurrieren, sind erfüllbar.

Zur Aufrechterhaltung dieser Lebensgemeinschaft ist es notwendig, regelmäßig Futter zuzuführen. Nun bietet der Handel eine Vielzahl von Futtermitteln an, so daß es schwer fallen kann, gerade die den Neonsalmlern zuträglichen Sorten herauszufinden. Sie machen es uns leicht, denn sie sind keine Spezialisten. Allerdings sollte das nicht dazu verführen, ständig nur zur Dose zu greifen und eine gewisse Portion Flocken oder Pellets anzubieten. Es gibt gefrostetes Naturfutter, kleine Krebschen (Daphnien, Zyklops), die landläufig als „Wasserflöhe" bezeichnet werden. Wenigstens einmal in der Woche sollte man solches Futter anbieten.

Noch besser freilich wäre es, natürliches Futter auch lebend zu reichen, doch machen wir uns nichts vor, das ist nicht jedem möglich. Frostfutter dagegen führt der Fachhandel durchweg, und besser als ausschließlich Flockenfutter ist es allemal.

Auch wenn das Becken nicht überbesetzt ist, reichert sich das Wasser in Folge der Verdauungs- und Stoffwechsel-Abbau-Prozesse mit Rückständen an, die selbst ein guter Pflanzenwuchs nicht verarbeiten kann. Es ist

Gruppe des „Schwarzen Neons" (Hyphessobrycon herbertaxelrodi)

Beifische für den Mittelwasserbereich: Rotkopfsalmler (Hemigrammus bleheri)

deshalb unumgänglich, alle 10 bis 14 Tage bis zu einem Drittel des Wasserinhaltes abzuziehen und durch frisches auszutauschen. Auch die beste Filteranlage kann einen solchen Wasserwechsel nicht ersparen, weil bei dieser Gelegenheit gleichzeitig ein Nachschub an gelösten Mineralien erfolgt, den sowohl die Fische als auch die Pflanzen brauchen.

Bei solchen Pflegearbeiten spätestens kann man kontrollieren, ob innerhalb des Aquariums ein ausgewogenes Verhältnis zwischen Futterangebot und Erfordernis besteht. Nur äußerst selten muß ich bei Anfragen und Beratungen einmal auffordern, mehr Futter anzubieten. Die Mehrzahl der Aquarianer füttert einfach zuviel. Oft sogar zuviel auf einmal, anstatt die Gaben über den Tag oder wenigstens noch auf den Abend zu verteilen. Am Boden liegendes Futter verdirbt Bodengrund und Wasser – Wasser, aus dem die Fische Sauerstoff gewinnen müssen, Bodengrund, der Ausgangspunkt für gutes Pflanzenwachstum sein sollte. Deshalb gilt gerade für die Neonsalmler, die nur geringe Futtermengen im Vergleich zu manchen anderen Aquarienfischen benötigen, daß ein Zuviel den gesamten Erfolg in Frage stellen kann.

Wenn an anderer Stelle guten Gewissens gesagt werden konnte, daß die Haltung der Neonfische heute vom Prinzip her keim Problem mehr darstellt, so sollte das nicht dazu verführen, sie als bedürfnislos zu betrachten und zu vernachlässigen. Schließlich hat man diese attraktiven Tiere gewählt, um ihre Schönheit zur Geltung zu bringen und nicht durch Haltungsfehler einzuschränken.

Leuchtende Fische

Populäre Aquarienfische werden durch besondere Eigenschaften, vom Normalen abweichende Formen oder auffällige Farben beliebt, viele Arten kombinieren diese Kriterien. Neonsalmler verdanken ihre faszinierende Wirkung auf den Betrachter allein der Färbung, dem Leuchtstreifen, der je nach Lichteinfall grünlicher oder bläulicher strahlen kann.

Wie kommt dieser Effekt zustande? Zunächst einmal ist, obgleich allgemein vom „Leuchten" gesprochen wird, der Farb-

Anziehungspunkt im Aquarium des Loro-Parks in Puerto de la Cruz (Teneriffa): die Neon-Säule

glanz der Neonsalmler nicht mit den Leuchtorganen anderer Fische, zum Beispiel der Tiefsee, zu vergleichen. Vielmehr erzeugen Neonsalmler kein Licht, ihre Schuppen reflektieren lediglich einen Teil der einfallenden Strahlen. Und vom Einfallswinkel und der Lichtzusammensetzung hängt es ab, ob das spiegelnde Längsband grün oder blau wirkt.

Dass aber Schuppenglanz allein dieses strahlende Blau nicht bringt, läßt uns eine einfache und jedem mögliche Beobachtung erkennen. Morgens, vor allem im Winter, wenn es um diese Zeit noch dunkel ist, aber auch mitten in der Nacht, wenn wir vorsichtig an das Aquarium herangehen und das Licht einschalten, sehen wir unsere Neonsalmler farb- und glanzlos schräg im Wasser stehen. Wo ist die blaue Längsbinde geblieben? Wir sehen nur eine dunkle, stumpf tintenblaue Zone, auch das Rot ist nur blaß und wirkt fleckig.

Mit auffallendem goldgelbem Glanzstreifen: Astyanax sp. „Tefe“

Eine Viertelstunde später hat sich der blaue Leuchtstreifen wieder in gewohntem Glanz gebildet, die rote Zone ist geschlossen und intensiv farbig. Doch nicht nur bloße Reflektion? Das Licht ist doch gleich geblieben.

Der Spiegel- oder Glanzeffekt beruht auf der Wirkung von in die Haut oder auf den Schuppen gelagerten Guaninkristallen, von deren Struktur abhängig ist, ob silberner, gelber, roter, grüner oder blauer Glanz zurückgeworfen wird. Aber wie jeder Spiegel nicht nur eine silberne Grundierung braucht, liegen in der Fischhaut auch dunkle Farbzellen. Sie sind während der Ruhephase zusammengezogen. Dadurch geht das Licht weitgehend unreflektiert in die Fischhaut hinein. Mit dem „Erwachen“ breiten sich die Farbzellen wieder aus und „dichten“ die Haut zum Körper hin ab. Erst von da an glänzen die Neonsalmler wieder.

Man kann ein weiteres Experiment durchführen. Dabei geht man ebenso vorsichtig ans Aquarium, hantiert im Dunklen am Beleuchtungskasten oder mit der Deckscheibe und „weckt“ damit die Fische, ohne das Licht einzuschalten. Das kann man bei Erfordernis ein

Glühlichtsalmler (Hemigrammus erythrozonus)

Neonsalmler (Paracheirodon innesi)

paar Mal wiederholen – und dann erst das Licht einschalten. Verblüfft stellt man fest, daß die vor zehn Minuten erstmalig gestörten und inzwischen aktiven Neonsalmler bereits im Dunklen ihre Farbzellen ausgebreitet haben und mit dem Einschalten des Lichtes sofort so aussehen, wie man das gewöhnt ist.

Bei allen Arten, die glänzende Streifen oder Punkte besitzen, funktioniert das in der

Dreibandsalmler (Hyphessobrycon heterorhabdus) – einer der intensiv leuchtenden Aquarienfische

gleichen Weise: Guaninkristalle sind über dunklen Pigmentzellen (Melanophoren) gelagert, oft nur auf eine bestimmte Körperregion begrenzt. Vielfach ist das die Schwanzwurzel.

Man kann jetzt nach den Gründen oder nach dem Sinn fragen. Dabei bieten sich zwei Antworten an. Charakteristische Signale sind gerade in beschatteten Gewässern für Angehörige einer Art „Abzeichen", die ihre Zugehörigkeit zu einem Fischschwarm gewährleisten. Solche Schwärme machen es räuberischen Fischen schwer, ein Opfer zu fixieren. Glänzende Stellen oder gar Streifen offenbar erst recht. Die in der Schwanzwurzel mit einem Glanzpunkt oder Leuchtfleck versehenen Arten täuschen zudem Augen vor. Ein Raubfisch orientiert sich demnach falsch, denn der angepeilte Beutefisch schwimmt in Richtung der tatsächlichen Augen davon. Vermutlich irritieren glänzende Jungfische die im gleichen Gewässer lebenden Räuber, denn es gibt auffallend viele Fischarten, die als Jungfische Glanzpunkte oder -streifen tragen, die bei ausgereiften Fischen nicht mehr zu erkennen sind.

Auf einer Störung in der normalen Guanin-Anordnung beruht eine Zuchtform von *P. innesi* aus Tschechien, die intensiv blau glänzende Köpfe aufweist, während der Körperstreifen unmittelbar dahinter nur blaß blau bleibt. Solche Fische sind seit einigen Jahren im Handel, und es ist wie bei so mancher Zuchtform Geschmacksache, ob man die üblichen Neonsalmler oder die Abweichung schöner findet.

Auf eine in Zuchtberichten nur selten erwähnte, für den Züchter und den züchtenden Liebhaber jedoch wichtige verhaltensbedingte Farbänderung bei laichenden Männchen sollten wir noch eingehen: Es hängt wohl mit den nachts oder in der Dämmerung stattfindenden Laichakten zusammen, dass viele Aquarianer zwar morgens Eier vorfanden, weitaus weniger aber die Paarungen verfolgen konnten. Vielleicht ist deshalb auch ein spektakuläres Bild unwidersprochen geblieben, dass zwar fotografisch hervorragend gelungen ist, aber eine Fehlpaarung zeigt. Das betreffende Männchen ist um ein senkrecht stehendes Weibchen wie ein Gürtel gewickelt. Bei einer richtigen Paarung mit Laich- und Spermaausstoß liegt das Männchen leicht schräg versetzt neben dem Weibchen und schlingt den Schwanzstiel etwa auf Fettflossenhöhe um den des Weibchens. Voraussetzung für eine gelungene Besamung ist nämlich, daß die Geschlechtsöffnungen möglichst nahe beieinander liegen! Das ist bei dem erwähnten Foto, das ein „abgerutschtes“

Zwei weitere leuchtende Arten: oben: Karfunkelsalmler (Hemigrammus pulcher) ...

... unten: Schlußlichtsalmler (Hemigrammus cf. ocellifer)

Männchen mit der reflexartig folgenden Klammerung zeigt, aber nicht der Fall.

Und so ist es auch vielen Aquarianern nicht bekannt, daß die stimulierten Neon-Männchen intensiv violett und nicht so glänzend blau aussehen,

Bei diesen Neongrundeln (Artzugehörigkeit noch unbekannt) von den Salomonen leuchten die dominierenden Männchen besonders intensiv und markieren so weithin sichtbar ihr Revier inmitten der Flußkiesel

wenn sie treiben und laichen. Das Weibchen behält den üblichen Glanz bei. Setzt man die Fische in der Gruppe an, so kämpfen mehrere Männchen Territorien aus, und nur die dominierenden besitzen ein Revier, in das die Weibchen zum Laichen einschwimmen dürfen. Und nur diese dominierenden Männchen zeigen die violette Färbung, die unterliegenden bleiben blau. Auch das ist meines Wissens in Zuchtberichten bisher nicht mitgeteilt worden. Das hängt wahrscheinlich damit zusammen, daß die kommerziellen Züchter nicht schreiben und die züchtenden Aquarianer noch schlafen, wenn ihre Neonsalmler laichten.

Entdeckung in Urwaldbächen

Die Fundumstände und das Bekanntwerden der Neonsalmler im Jahre 1936 hatten viel Geheimnisvolles und Sensationelles zugleich. Sie wurden nämlich an Bord eines Luftschiffes in die USA transportiert und schon einmal in diesem Zusammenhang nicht nur Aquarianern bekannt.

Hinzu kam, daß lange Zeit die Fundorte geheim gehalten wurden, um konkurrierende Firmen nicht an diesem Geschäft teilhaben zu lassen. Das ging so weit, daß nur unter größten Bedenken einige Fische nach Deutschland verkauft wurden. In den 20er Jahren hatten nämlich viele Aquarianer und Züchter die Inflations- und Arbeitslosenzeit zur Beschäftigung mit Aquarienfischen genutzt und sich einen großen Wissensvorsprung in der Fortpflanzungsbiologie dieser begehrten Exoten erarbeitet. Es bestand also für die Importfirmen der USA tatsächlich die Gefahr, daß mit dem Gelingen der Zucht im Aquarium das Neongeschäft zumindest nicht mehr so lukrativ wie mit Importfischen wäre.

Die Fundorte wurden aber auch geheim gehalten, damit dort niemand die Wasserverhältnisse erkunden konnte. Die nämlich, und das war eine richtige Vermutung, sind wesentlich für Zuchterfolge im Aquarium. Ob alle damals erfundenen Geschichten um die Entdeckung dieser Traumfische wahre Bestandteile enthielten, ist heute nicht mehr überprüfbar. Eine der schönsten und in vielen

In kleinen Flüssen des Rio Negro-Einzugsgebietes kommen Rote Neons vor

Zwischenhälterung von Roten Neons nach dem Fang

Punkten auch nachvollziehbare, aus Dichtung und Wahrheit zusammengestellte Erzählung veröffentlichte 1951 Professor Dr. Werner LADIGES. Ich bekam dieses Bändchen in meiner Schülerzeit einmal leihweise, war selbstverständlich begeistert, und ich kaufte viel später eine Neuauflage, sobald sie für mich verfügbar war. LADIGES beschreibt aus seiner Erfahrung als Mitarbeiter einer Hamburger Importfirma die nahezu geheimdienstlich geführten Versuche, zu den Fundorten in den peruanischen Amazonas-Zuflüssen zu gelangen und die Fische zu finden. Mehrere Agenten beobachteten alle Aktivitäten auf den damals wenigen Dampfern, die stromaufwärts fuhren und begegneten Fremden mißtrauisch. Was wußte man?

Ein Abenteurer sollte die Fische gefunden haben, nicht einmal er selbst, ihn machte eine Indianerin, die ihn während eines Fieberanfalls gepflegt hatte, auf den Bachlauf mit diesen glänzenden Fischen aufmerksam. Dieser Abenteurer – in der Literatur wird der Name RABAUT genannt – war eigentlich so weit in den amazonischen Urwald vorgedrungen, um Schmetterlinge und Orchideen zu sammeln, die nach Europa zu verkaufen waren. Vorher hatte er Diamanten in Venezuela gesucht oder Krokodile geschossen, deren Häute damals Mode und gut zu vermarkten waren. Von Fischen verstand er nichts, aber dass diese Tiere ein Geschäft werden könnten, ahnte er sofort. Er ließ schwere Kisten bauen, die mit Naturkautschuk abgedichtet wurden, und es muß für die einheimischen Helfer äußerst mühsam gewesen sein, diese wassergefüllten Holzkisten auf Urwaldpfaden erst einmal so weit zu tragen, dass sie von einem Dampfer aufgenommen werden konnten.

Wie viele von den ursprünglich und erstmalig gesammelten Salmlern damals verendeten und wie viele diese Strapazen überlebt hatten, wollen wir nicht untersuchen. Schließlich wußte weder der Entdecker noch einer seiner Helfer etwas von Wasserchemie. Und die spielte bei der Haltung der Importfische und später für die Nachzucht doch eine erhebliche Rolle. Immerhin überlebten so viele, daß die Sensationsmeldung vom schönsten Fisch aller Zeiten wie ein Lauffeuer durch die aquaristische Welt ging.

Wie nicht anders zu erwarten, ist das Wasser in den Zuflüssen des oberen Amazonas nahezu destilliertem gleichzusetzen. Die ungeheuren Wassermassen, die in Form täglichen Regens in den zentralen Tropen niedergehen, waschen im Laufe der Zeit alle löslichen Bestandteile aus anstehendem und erodiertem Gestein und schwemmen sie davon. Andererseits zehrt die Urwaldvegetation alle nur verwertbaren gelösten Mineralien aus diesem Wasser, so

Sortieren nach Art und Größe

daß praktisch lediglich Gerbstoffe von zersetzten Blättern in diesem fast chemisch reinen Wasser übrig bleiben. Das dichte Blätterdach hindert die Sonneneinstrahlung, so erwärmen sich solche Bäche höchstens auf 23 bis 24°C, Wasserpflanzen fehlen völlig, und der Boden ist bedeckt mit Blättern, die je nach Dauer der Wasserlagerung mehr oder weniger zersetzt sind.

Wasser dieser Beschaffenheit unter Aquarienbedingungen

In Amazonas-Booten werden die Fische zur Versandfirma transportiert

T-Shirt-Werbung für Rote Neons

nachzuahmen, fiel in den 30er Jahren noch schwer. Eine durchgehende Theorie der aquaristischen Wasserchemie war noch in weiter Ferne, deshalb waren eher die ökologischen Untersuchungen des bereits genannten Autors LADIGES eine Basis für die ersten Schritte in der Neonzucht. Unter dem Titel „Der Fisch in der Landschaft" faßte er seine Erfahrungen und die Mitteilungen von Reisenden zusammen, so daß von der Herkunft der Fische auf die erforderlichen Wasserverhältnisse geschlossen werden konnte. Freilich waren damals erst wenige Wasseranalysen bekannt, aber die auffällige Häufung von Erstzuchten sogenannter Problemfische zum Ende der 30er Jahre ist ein Erfolg dieser Methodik. Erst ein weiterer (handelswirksamer!) Problemfisch, der Diskus-Buntbarsch, führte zu der bis dahin fehlenden aquaristischen Wasserchemie.

Inzwischen profitierten aber auch die Salmler-Züchter vom gewachsenen Kenntnisstand in der Aquarienchemie, ausgelöst von Diskus-Züchtern, so daß heute, freilich nicht ohne Aufwand, jedes Naturwasser chemisch nachgeahmt werden kann.

Verhaltensweisen

Vor Jahren hatte ich einmal den Auftrag, für eine werbewirksame Ausstellung zur Leipziger Messe ein langgestrecktes 300 l-Becken attraktiv zu bepflanzen und mit Neonsalmlern zu besetzen. Wenn man ein solches Aquarium mit dunklem Sand, gut gewässerten Wurzeln und reichlich Wasserpflanzen einrichtet, bietet man den Fischen mit der Pflanzenpracht auch

Laichende Neonsalmler (*Paracheirodon innesi*) in Paarungsstellung

Versteckmöglichkeiten – damit erhob sich die Frage, wie viele Neonsalmler braucht man, um sie in diesem „Urwald" auch ständig sichtbar zu halten?

Bei einem Züchter waren 500 Stück bestellt – ich hatte vorsichtshalber weitere 500 in Bereitschaft halten lassen. Allerdings mehr in der Absicht, für den Fall einer Unverträglichkeit des damaligen Leitungswassers von Leipzig eine Reserve zu haben. Aber die Eingewöhnung gelang ohne Verluste – nur, kein Neon war zu sehen. Bei der Abnahme drei Tage vor der Eröffnung wurde ich gefragt, wann denn nun die Fische kämen...

Also fuhr ich abends noch los und holte die 500 Reservetiere. Auch deren Umstellung auf das Leipziger Wasser gelang gut, und noch in der Nacht setzte ich die zweite Portion hinzu. Am nächsten Morgen großes Aufatmen: Die Neonsalmler zogen in einem gleichmäßigen Tempo wie eine elektrische Eisenbahn durch das Aquarium, verschwanden hier hinter einer Wurzel, erschienen wieder aus einer Lücke in den Pflanzengruppen – so hatten wir uns das vorgestellt.

Die Frage lautet: Von welcher Stückzahl an sprechen wir von einem Schwarm bzw. von welcher Stückzahl an verhalten sich Fische so, wie wir es von Schwarmfischen erwarten? Dass sie eben mit nur geringem Abstand voneinander im gleichen Tempo und in gleicher Richtung

Paar des Blauen Neons (Paracheirodon simulans), oben Weibchen, unten Männchen

durch das Aquarium ziehen.

Die übliche Einteilung in Schwarmfische und Einzelgänger stimmt nämlich nur eingeschränkt. Fast alle Fische bilden zu Zeiten Schwärme, vor allem während der Jugendphase. Und ebenso können in sexuellen Ruhephasen auch körperlich ausgereifte Fische Schwärme bilden. Sie sind während dieser Zeit ohne territoriale Bindung und ziehen, weitgehend auf Nahrungssuche, durch ihren Lebensraum – ob das nun ein Aquarium oder ein natürliches Gewässer ist.

Züchter und Händler, bei denen die Fische in größeren Mengen gehalten werden, wissen, dass selbst Buntbarsche, diese Inbegriffe territorialen Verhaltens, in den Aufzucht- und Quarantänebecken zu Schwärmen geballt herumziehen, und auch Lebendgebärende Zahnkarpfen, gewiß keine Paradebeispiele für Schwarmfische, bilden zumindest zeitweilig diese „ziehenden Bänder".

Die Jungfischsituation ist durch „allgemeine Verunsicherung" geprägt – der Schwarmzusammenhalt schützt vor feindlichen Räubern. Bei jeder Verunsicherung tritt auch in Gesellschaftaquarien vorübergehend eine solche „Ballung" selbst unterschiedlicher Arten ein, und erst nach der Entspannung der Situation lockern sich solche Fluchtverbände wieder. Das mußte einfach einmal dargestellt werden, weil die Erwartungen der Aquarianer beim Kauf von Fischen der dann folgenden Realität im Aquarium oft nicht entsprechen. Ein Neon-„Schwarm" von sechs Fischen („weil es doch Schwarmfische sind") wird nicht zustande kommen. Hier und dort wird einer zwischen den Pflanzen stehen, nur in absolut einrichtungslosen Aquarien zwingt man sie förmlich, zusammen zu bleiben.

Aus Gesprächen mit vielen Fachhändlern weiß ich, daß nicht nur Neulinge dazu neigen, lieber Pärchen als Gruppen oder gar Schwärme zu kaufen. Dem Händler wird unterstellt, allein seinen Umsatz im Auge zu haben, wenn er empfiehlt, lieber zehn Jungfische zu erwerben. Selbst daraufhin gerichtete Rabatte werden nur diffamierend kommentiert – dass sie zum biologisch sinnvoller Kauf mehrerer Tiere anreizen sollen, wird von solchen Kritikern nicht verstanden oder verschwiegen.

Zum Schwarmverhalten der Neon und vieler anderer Salmler: Das eingangs erwähnte Messe-Aquarium ist natürlich nicht mit den üblichen Gesellschaftsbecken zu vergleichen. Aber es wäre schon gut, wenn eine dominierende Art mit wenigen geeigneten Beifischen zum Prinzip erhoben würde. Dann braucht man auch keine 1000 Stück, aber 15 bis 20 ergeben schon einen geschlossenen Verband, vor allem, wenn auch andere Fische vorhanden sind. Geeignet sind dann ein paar Zwergbuntbarsche der Gattung *Apistogramma*, deren Revierbildung und -verteidigung die Neon zur Schwarmbildung veranlaßt. Auch kommen diese Arten in den Heimatgewässern vor und altern bei 22 bis 24°C nicht so rasch wie bei höheren Temperaturen.

Auch im Gesellschaftsaquarium laichen Neonsalmler. Das wird nur selten bemerkt, weil es gewöhnlich nachts oder in der ersten Dämmerung morgens geschieht. Auslöser ist meist der unmittelbar vorhergehende Teilwasserwechsel. Danach stellen sich die laichbereiten Männchen in Nischen zwischen Pflanzengruppen ein, während die Weibchen dem Schwarmverband länger angehören. Paarungswillige Weibchen lösen sich von Zeit zu Zeit und werden bei Ankunft im Revier des jeweiligen Männchens mit ruckartigen Bewegungen empfangen und sowohl unter- als auch überschwommen, bis sie sich, meist neben einer feinfiedrigen Pflanze, leicht

Neonsalmler (Paracheirodon innesi) unmittelbar vor der Paarung

Das Männchen versucht, sich neben das Weibchen zu legen

seitlich verkippt mit dem Kopf nach oben „in Position" begeben. Das Männchen schwimmt nun neben das Weibchen, umschlingt es in seitlicher Lage im hinteren Körperteil, und in einer aufwärts gerichteten Drehung um die Längsachse, bei der die Eier und das Sperma abgegeben werden, lösen sie sich wieder. Nach 12 bis 15 Paarungen, die etwa 90 Minuten dauern, ist der Laichvorrat des Weibchens meist erschöpft.

Ganz ähnlich vollzieht sich die Paarung der Roten Neon. Auch diese Vorgänge spielen sich im Dunkeln ab und sind nur anhand einer schwachen indirekten Beleuchtung durch die aus dem Dunkel leuchtenden blauen Längsbänder zu verfolgen. Die Paarung ist durch eine mehrfache Drehung um die Längsachse charakterisiert, während das Balzschwimmen der Männchen ähnlich „eckig" wie bei *P. innesi* ausgeführt wird.

Ebenso laichen die Glühlichtsalmler, die nach einem gleichen Vorspiel sich mehrfach um die Längsachse drehen, ehe sie sich voneinander lösen. Korrekturen in der Feinsystematik der Salmler bestätigen gerade in den letzten Jahren zunehmend Gruppierungen, die sich bereits vor 30 Jahren aus Vergleichen des Paarungsverhaltens ergeben hatten.

Deshalb scheint die Einordnung der dritten Neon-Art in die Gattung *Paracheirodon* weiterhin diskussionswürdig. Nicht nur die anders verlaufende Glanzbinde, auch das völlig abweichende Paarungsverhalten grenzen den Falschen Neon von den vorgenannten Arten ab. Die Männchen balzen mit flatternden Flossen und niemals eckig wirkenden Schwimmbewegungen vor den Weibchen. Vor allem aber drehen sich die Paare beim Laichakt um eine senkrechte Achse, wie es die *Hyphessobrycon*-Arten tun. Und so fand ich diese ursprüngliche Einordnung auch durch das Paarungsverhalten bestätigt. Dagegen erscheint die später erfolgte Einbeziehung zu *Paracheirodon* recht mühselig und gequält – ich bleibe dabei: das ist ein nur äußerlich ähnlicher, ansonsten aber ganz anderer Fisch!

Ist das Beobachten des Verhaltens für den Aquarianer wichtig? Ich denke schon. Die allgemeinste Begründung besteht darin, dass im Verhalten die Befindlichkeit der Fische abgelesen werden kann. Beobachtungen der Schwimmweisen erlauben erste Einschätzungen, ob sich die Fische wohlfühlen, und mit Abweichungen von als „normal" empfundenen Verhaltensweisen können Anlässe zur Überprüfung auf Wasserveränderungen oder gar Befall mit Krankheiten gegeben sein.

Wer aber Zuchtversuche unternehmen will, muß geradezu das Verhalten der Tiere kontrollieren. Ungenügend stimulierte Weibchen können auf dem begrenzten Raum des Zuchtaqua-

riums von hoch erregten Männchen verletzt, gehetzt und sogar so schwer geschädigt werden, dass sie sterben. Die durch gerundete Bäuche abzulesende Laichfülle ist dabei nicht allein maßgebend. Erst bei gleichzeitig erreichter Laichbereitschaft gelingt die Eiablage und damit der erste Abschnitt der Nachzucht.

Man sollte sich also in die Fische einsehen lernen. Erfahrungsgemäß schaffen das gerade Anfänger sehr schnell und merken dadurch, ob im Aquarium alles stimmt oder ob Fehler korrigiert werden müssen.

Erkrankungen

Obgleich Neonsalmler allgemein als empfindlich gelten, bestätigt sich das bei näherer Beschäftigung mit diesen Fischen nicht. Es sind wohl mehr das „zerbrechlich“ wirkende Erscheinungsbild, die mit etwa 3 cm Länge (*P. axelrodi* kann etwas größer werden, *P. simulans* kleiner bleiben) doch begrenzte Größe und die zarten, durchsichtigen mit einem weißen Strich versehenen Flossen, die diesen Eindruck hervorrufen. Wie schon mehrfach erwähnt, kommt es vor allem auf eine

Nach einer Drehung um die Längsachse löst sich die Paarung auf, und die Eier wirbeln durch das Wasser

gute Eingewöhnung der importierten Fische an, ob es nun Wildfänge oder Farmzuchten betrifft. Aquarienbruten „stehen“ allgemein gut, sofern sie nicht aus extrem weichem Wasser stammen und vom Züchter nicht bereits auf mittelhartes Wasser umgewöhnt wurden.

Zwar gilt prinzipiell für alle umzusetzenden Fische, dass sie nicht „trocken“ aus dem Netz von einer Wasserqualität in eine andere gebracht werden sollten, aber viele Salmler, darunter auch die Neon, nehmen das besonders übel. Vielmehr läßt man die Fische im Haltungs- bzw. Transportwasser, zieht davon einen Teil ab und läßt Wasser aus dem Aquarium, in das sie gesetzt werden sollen, langsam über einen dünnen (Durchlüftungs-)Schlauch hinzulaufen. Das sollte man sicherheitshalber so lange tun, bis im Anpassungsgefäß die Aquarien-Wasserwerte erreicht sind. Ebenso sollte vermieden werden, die neu erworbenen Fische in der am leichtesten zugänglichen Ecke einzuschütten. Die bereits vorhandenen Fische erwarten von dort die täglichen Futtergaben und stürzen sich auf die verunsicherten Neulinge. Diese Jagerei kann man sich und den neuen Fischen ersparen, indem man die vorhandenen Fische zunächst wie gewohnt füttert. Leert man nun das Gefäß mit den neuen Fischen im angepaßten Wasser in einer der hinteren Ecken aus, so haben sie Zeit, sich an die neuen Verhältnisse zu gewöhnen und erscheinen bereits wesentlich selbstsicherer, werden vor allem nicht durch Bisse verletzt.

Je langsamer dieser Angleichungsprozeß vor sich geht, desto besser ist das für die Fische. Letztlich spielen sich alle mit der Anpassung verbundenen Probleme an den Grenzen des Mediums Wasser mit dem Fischkörper ab – das sind Schleimhaut und Kiemen. Besonders die Kiemen können beim rücksichtslosem Umsetzen schwer geschädigt werden, aber das sieht man nicht. Eher bemerkt man Schleimhautschäden auf den Flossen, besonders an den freien Rändern. Die Schleimhaut kann schon beim Fangen mit einem Netz leicht beschädigt sein, kommt dann noch ein drastischer Wechsel von einer Wasserqualität zu einer anderen hinzu, so leistet man dem Eindringen von Krankheitserregern geradezu Vorschub. Durch eine intakte Schleimhaut dringt nor-

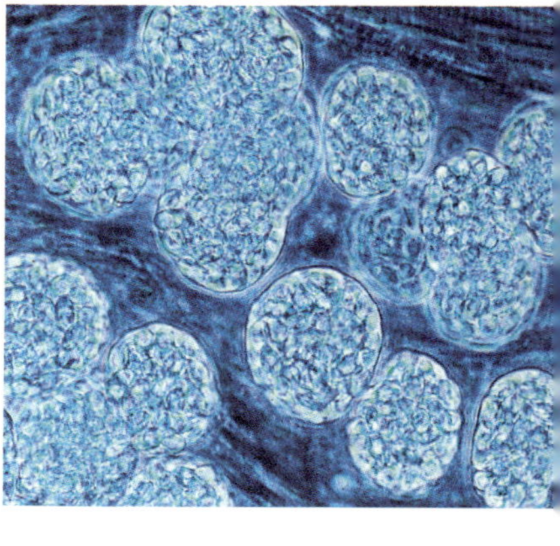

Plistophora hyphessobryconis ist der Erreger der Neonkrankheit, er befindet sich in Sporenbehältern im Muskelgewebe

Neonsalmler (Paracheirodon innesi) mit weit fortgeschrittener Neonkrankheit

malerweise kein Erreger in die Oberhaut.

Züchter und Händler fürchten besonders die „Neon-Krankheit", und tatsächlich sind sie mehr als die Aquarianer betroffen. Besonders in den 50er Jahren stellte der Befall mit *Plistophora*, so heißt der Erreger dieser Krankheit, in einigen Zuchtbetrieben die ernste Frage nach der weiteren Existenz. Bisher sind keine Behandlungserfolge bekannt geworden! Aber die befürchtete Katastrophe blieb aus. Züchter und Händler achteten seither penibel auf die Einhaltung guter Bedingungen, seitdem sind spezielle Räume allein für Neonsalmler üblich geworden, und Zuchtanlagen, in denen *Plistophora* auftrat, waren schnell in aller Munde und damit out. Ob – ähnlich wie bei der Fisch-Tuberkulose – die Bestände nur nicht erkranken, obgleich der Erreger, ein Sporentierchen, durchaus noch vorhanden ist, wird diskutiert. Jedenfalls ist die „Neon-Krankheit" ein anschauliches Beispiel dafür, dass bei guten Haltungsbedingungen die Fische den Befall verkraften und die Erreger einkapseln können. Erst bei anhaltendem Verstoß gegen die Pflegeregeln (Temperatur!) haben die Erreger eine Chance. Zu hoher Besatz der Aufzuchtbecken und zu hohe Temperaturen, um das Wachstum der Jungfische zu beschleunigen, können als Hauptvoraussetzungen für den Ausbruch der „Neon-Krankheit" angesehen werden.

Viele Liebhaber konnten aber auch erleben, dass das blaue Glanzband von *P. innesi* von weißlichen Flecken unterbrochen wurde und die Fische schließlich starben. Bei den anderen beiden Arten wurde die Erkrankung ebenfalls beobachtet, sie trat aber nicht so verbreitet und verheerend auf wie bei *P. innesi*. Übrigens wurde der Erreger auch bei anderen, mit Salmlern nicht verwandten Fischen festgestellt. Immer aber war es das Gleiche: „Massenfische", die in zu großen Beständen in zu engen Behältern herangezogen wurden.

Noch eine andere Schädigung kann bei zu dichtem Besatz der Aufzuchtaquarien bis zum Totalverlust der Bruten führen: Die schnell wachsenden jungen Neon werden in Züchtereien oft zu mehreren Tausend Jungfischen in sogenannten Meterbecken herangezogen. Je größer sie werden, um so wichtiger erweist es sich, die Bruten wieder rechtzeitig zu teilen. Wird das versäumt, kann jeder Wasserwechsel zum Verlust führen.

Die vielen Jungfische scheiden erhebliche Mengen von Kot ab, so dass sich das Wasser mit Eiweiß-Abbaustufen anreichert. Beim Wasserwechsel muß darauf geachtet werden, dass der pH-Wert des zulaufenden Frischwassers unter 7 liegt, am besten bei 6,0 bis 6,5. Im verbliebenen belasteten Wasser befindet sich u. a. auch Ammonium. Das ist, selbst in recht hoher Konzentration ungefährlich, je-

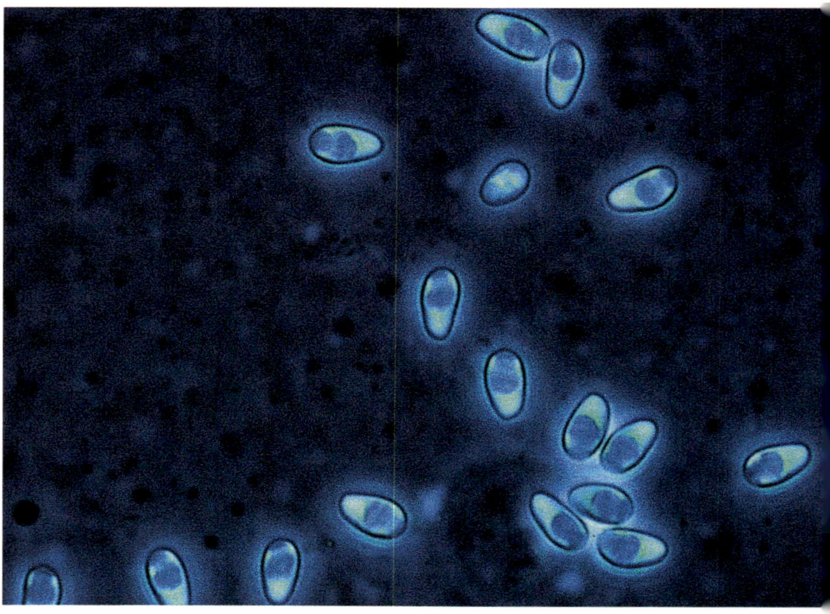

Einzelne Plistophora-Sporen; der Erreger der Neonkrankheit gehört zu den einzelligen Sporentierchen

Obgleich stark befallen und unansehnlich, können solche Neons noch lange leben, sie sind jedoch ein Infektionsrisiko für andere Fische und müssen separiert werden

doch eine Zeitbombe. Kommt nämlich auch nur leicht basisches Frischwasser hinzu, so entsteht aus dem Ammonium zumindest ein Teil Ammoniak – und damit werden die Kiemen bis zur Atmungsunfähigkeit geschädigt. Das droht in allen Aufzuchtaquarien, wo viel gefüttert und demzufolge viel ausgeschieden wird und ist die schlüssige Erklärung für so manche rätselhaften Verluste. Da Frischwasser in unseren Breiten meist kalt ist, wird es in Hochbehältern am Tag zuvor zum Abstehen und Aufwärmen bereitgestellt, in vielen Handels- und Zuchtbetrieben auch durchlüftet. Mißt man den pH-Wert des Leitungswassers, so kann der durchaus unter 7 liegen. Nach dem Abstehen jedoch kann das bis dahin gelöste CO_2 entwichen sein. Am nächsten Morgen hat dann ein mit 6,5 am Abend gemessenes Wasser nunmehr einen pH-Wert von über 7 und kann zur Bildung von Ammoniak führen. Deshalb unmittelbar bevor die Frischwassergabe erfolgt messen und notfalls nachsäuern!

Auf die „üblichen" Aquarienfisch-Erkrankungen und deren Bekämpfung, wie zum Beispiel *Ichthyophthirius* und *Oodinium*, reagieren die Neonsalmler wie alle anderen Aquarienfische auch. Leider wird aber generell die Behandlungsmöglichkeit dadurch erschwert, dass die Hersteller von Medikamenten nicht darauf hinweisen, dass in weichem Wasser weitaus geringere Dosen bereits wirksam sind als in härteren. Umgekehrt kann eine Überdosierung in weichem Wasser die Fische schädigen (sie sterben dann eher am Medikament oder den Lösungsmitteln als an der Krankheit), in härterem aber erst wirksam werden! Doch das gilt nicht nur für

Neonsalmler, selbst solch ein als robust geltender „Allerwelts-fisch" wie der Kardinal (*Tanichthys albonubes*) kann bei der Bekämpfung von Krankheiten äußerst empfindlich auf eine unzutreffende Dosierung des Medikaments reagieren.

So sind viele der früher durchaus gültigen Vorbehalte bei guten Pflegebedingungen gegenstandslos geworden. Zwei der drei Neon-Arten sind feste Bestandteile des Handelssortiments, jedem zugänglich und im Preis erschwinglich. Kein Grund, meine ich, auf Pfleger dieser schönen Fische herabzusehen („Schwarmfische", „Anfängerfische"). Mit Zuchtversuchen kann man schnell auf den Boden der Realität zurückfinden.

Bewegte Zuchtgeschichte

Der Respekt vor Neonzüchtern sitzt heute noch tief. Umgibt doch noch immer der Reiz des Geheimnisvollen diese kleinen Fische aus den Urwäldern Südamerikas. Und so erinnere ich mich auch noch des Gefühls, daß mich erfüllte, als ich meine ersten Neonsalmler zur Zucht ansetzte. Zwei der damals üblichen Vollglaswannen, 35 x 20 x 20 cm, füllte ich zur Hälfte mit torfigem Wasser, das ich zwei Tage zuvor aus einem Wiesengraben geholt hatte. Feiner Torfstaub bedeckte den Boden, das Wasser war gelblich und kristallklar. Die Temperatur betrug 23°C, der pH-Wert 6,0. Eine Quellmoos-Ranke lag, von kleinen Kieseln beschwert, in einer Ecke. Abends hatte ich die Fische eingesetzt, und zu meiner Überraschung fand ich bereits am nächsten Morgen die Männchen geradezu violett getönt und vor dem Weibchen balzend. Im schwach abgesetzten Mulm aus dem Naturwasser lagen bereits einige Eier.

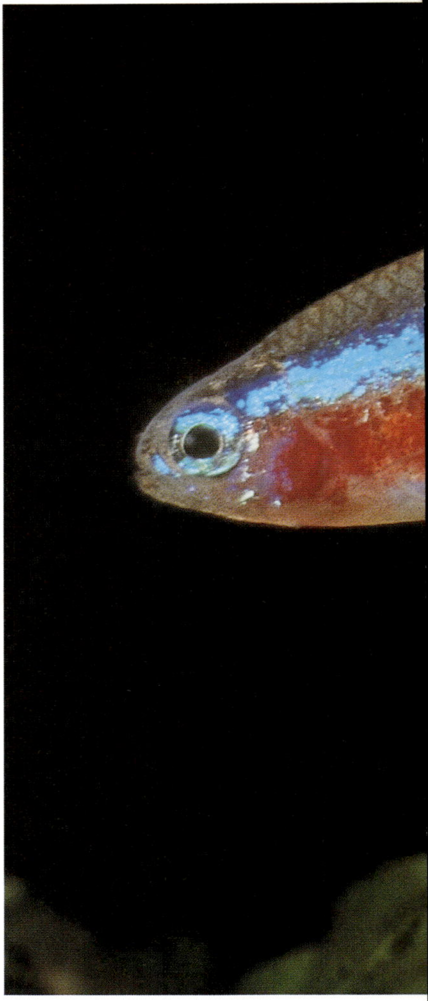

Nach dem Ablaichen entfernte ich die Paare. Der Zufall wollte es, daß wenige Tage danach Vereinssitzung war – ich konnte mich nicht bezähmen und berichtete über die Laichablage sowie die bereits geschlüpften Jungen. Man glaubte mir nicht. Von da an erschien jeden Abend „ganz zufällig" irgendein Vereinsmitglied und wollte die Neons sehen. So verfolgten sie mit mir, wie die weißlichen Jungfische nach dem Ablauf der ersten Woche einen zunächst rötlichen Hauch im hinteren Körperdrittel bekamen. Der blaue Leuchtstreifen setzte erst mit dem Beginn der dritten Woche ein. Jetzt glaubten schon einige, daß es junge Neonfische sein konnten. Immerhin gibt es

Roter Neon (Paracheirodon axelrodi), oben Weibchen, unten Männchen

ja eine Anzahl von Bärblingen, deren Jungfische in den ersten Wochen intensiv blau leuchten, zum Beispiel Kardinalfische (*Tanichthys albonubes*) und Zebrabärblinge (*Brachydanio rerio*). Jene Jungfische halten sich aber in diesem Alter unmittelbar unter der Oberfläche auf, während meine kleinen Neonsalmler, leicht kopfabwärts geneigt, dicht über dem Bodengrund standen. Wenn auch dieser erste Erfolg nur aus wenigen überlebenden Exemplaren bestand, so war doch nunmehr bewiesen, daß man diesen Fisch selbst mit härterem Wasser züchten konnte. Später setzte ich die Weibchen umschichtig mit „doppelten“ Männchen an. Zwar bildeten die Weibchen innerhalb einer Woche wieder reife Eier, diese Zeit reichte aber nicht aus, daß auch den Männchen wieder befruchtungsfähiges Sperma zur Verfügung stand. So konnte ich jede Woche die gleichen Weibchen, aber nur umschichtig alle zwei Wochen die betreffenden Männchen zusammensetzen.

Glühlichtsalmler (Hemigrammus erythrozonus) sind so zu züchten wie Neons

Entsprechende Fütterung vorausgesetzt, können Neonsalmler produktiver als Guppies sein. Pro Ansatz ist mit 100, oft sogar mehr, Eiern zu rechnen. Im Monat sind das 400 Jungfische von jedem Weibchen, und ich kannte Liebhaber, die mit ausgesucht produktiven Weibchen, Züchter, die mit 150 und mehr Weibchen arbeiteten und dreimal in der Woche je 50 Gläser ansetzten. Die enthielten nur etwa einen Liter Wasser.

In der traditionellen Zucht, wie sie bis in die 60er Jahre hinein in Sachsen durchgeführt wurde, war das übrigens oft Frauenarbeit. Vom Säubern der kleinen Aquarien über das Sortieren der Zuchtfische, deren Zurücksetzen in die Pflegebecken, das Heraussammeln der klaren Eier in Brutbehälter (einzeln mit Stechhebern, zugleich wurde gezählt!) bis zum Auszählen der lieferfähigen Fische – alles wurde von den Frauen der Familienbetriebe verrichtet. Dagegen sorgten die oft namhaften Züchter vor allem für das aus Naturteichen zu gewinnende Staubfutter. Sie fuhren zeitig morgens „ins Futter“, frühstückten zu Hause und waren bis zum Mittag meist nicht mehr ansprechbar. Nachmittags überwachten sie die Tätigkeit der Familienmitglieder, reparierten das Auto und die Geräte und bereiteten den Futterfang des nächsten Tages vor. Damals wurde nämlich bereits am Teich gesiebt und sortiert. Im Sommer transportierte man das Futter auf Rahmen. Kupfer- oder Messinggewebe verschiedener Maschenweiten waren zwischen Hartholzleisten geschraubt und bis zu 15 und 20 in Gestellen gestapelt. Lediglich „Staub“, Nauplien von Kleinkrebschen oder verschiedene Rädertierchen, wurde in größeren Wasserkannen nach Hause gebracht. Da der Sauerstoff in solchen Kannen schnell abnahm, fuhr man im Sommer schon mit dem hell werden an die Teiche, um die Kühle des Morgens zu nutzen.

Basis der Neonzucht war das mineralarme Wasser der nördlichen Randgebiete des Erzgebirges, des Vogtlandes und des Thüringer Waldes. Mehr zufällig ergab es sich, daß von den aus tropischen und subtropischen Gebieten von Seeleuten mitgebrachten „fremdländischen Süßwasserfischen“ (so der Titel eines damals bahnbrechenden Buches von Johann Paul Arnold und Dr. Ernst Ahl) in solchem Wasser gehalten, nicht nur am Leben blieben, sondern sich auch fortpflanzten.

Da die Aquaristik mit Lebendgebärenden Zahnkarpfen begann, spielte zunächst das Beibehalten einer Mindesttemperatur von 18 bis 22°C eine größere Rolle als die qualitative

Bei der Paarung drehen sich Glühlichtsalmler (Hemigrammus erythrozonus) ebenfalls um die Längsachse und stoßen dabei den Laich ab

Zusammensetzung des Wassers. Anspruchsvoller waren vor allem die damals „Fundulen“ genannten eierlegenden Kärpflinge aus Afrika, manche Bärblinge aus Süd- und Südostasien sowie die Salmler aus Südamerika. Vor allem die „Fundulen“, heute als *Aphyosemion*- und *Epiplatys*-Arten bekannte Fische aus dem tropischen Afrika, konnten nur dort gut vermehrt werden, wo besonders weiches Wasser aus den Leitungen floß. Manches kleine Städtchen in Sachsen und Thüringen wurde in Aquarianerkreisen wegen seines Wassers geradezu berühmt und mit ihm einzelne besonders erfolgreiche Züchter. Andere sahen vor allem in der Vielfalt des vorhandenen Futters die Basis für Fischzuchten und holten lieber das Zuchtwasser über große Strecken herbei. Künstlich aufbereitetes Wasser gab es nur für industrielle Zwecke, und das war durch so manche Zusätze nicht

Glänzende Jungfischschwärme sind der vielen Mühen Lohn, hier vom „Schwarzen Neon“ (Hyphessobrycon herbertaxelrodi)

für die Fischzucht geeignet.

Wieder andere Züchter sahen den wichtigsten Faktor im Absatz mit möglichst kurzen Transportwegen. Sie gründeten Züchtereien in dicht besiedelten Gebieten, am Rande von Großstädten oder in industriellen Ballungsgebieten. Dafür waren deren Wege für Waser- und Futtertransport länger. Und schließlich wurden mit der Nutzung von Regenwasser und zunehmend auch künstlich enthärtetem Leitungswasser die Züchter unabhängiger von der örtlich vorgegebenen Wasserqualität.

Die einfachste Methode war das Abkochen und das damit verbundene Ausfällen des Kesselsteins. Andere Züchter filterten über Torf oder nutzten die Mineralzehrung von schnellwüchsigen Wasserpflanzen. Als ich in Halle/Saale meine Anfängerjahre mit Leitungswasser von 36°dH Gesamthärte erlebte, mußte ich mein Zuchtwasser in (Wein-)Ballons knapp 20 km entfernt aus einem Porphyrsteinbruch bei Ostrau holen. Einer meiner Lehrmeister besaß ein mit Wasserpest (*Egeria densa*) und Wasserfreund (*Hygrophila polysperma*) bepflanztes Aquarium, das ganz oben in seiner Stellage stand. Er hatte dieses etwa einen Meter lange Aquarium mit genau zugeschnittenen Scheiben, die mit seitlich aufgeschnittenen Luftschläuchen gegen Front- und Rückscheibe abgedichtet waren, in zehn Kammern eingeteilt. Durch Abschneiden eines kleinen Dreiecks im oberen Bereich der Scheiben floß das zugelassene Leitungswasser nacheinander durch diese Kammern. Entnommen wurde nur Wasser aus dem letzten Abteil. Er gewann so pro Woche etwa 10 l Zuchtwasser von 6 bis 8°dH, mit dem er sehr sparsam umging. Sobald Jungfische geschlüpft waren, zog er mindestens die Hälfte ab und bewahrte dieses Wasser im Dunklen auf, um es erneut zu verwenden. Er war auch der Meinung, daß solches, bereits gebrauchtes Wasser auf später angesetzte Arten anregender als frisches sei. Die geschlüpften Jungfische gewöhnte er durch tropfenweise zulaufendes Wasser aus anderen Aquarien langsam an die in Halle üblichen Härtegrade, denn die Händler, denen er seine Zuchtergebnisse verkaufte, hatten ausschließlich hartes Wasser in ihren Verkaufsaquarien. Immerhin züchtete er in diesen Jahren bereits große Mengen seltener Salmler, Arten, die gewöhnlich aus Sachsen und Thüringen geholt werden mußten und deren Anpassung an die Halleschen Wasserverhältnisse nicht ganz unproblematisch war.

Mitte der 50er Jahre kamen mit Austauscherharzen weitere Möglichkeiten hinzu, dem Wasser die Härtebildner zu entziehen. Doch das war wegen des apparativen Aufwandes nur für Großzüchtereien, nicht so sehr für Liebhaber interessant. Die holten sich einige Liter aus benachbarten Züchtereien oder aus Betrieben, die weiches Wasser in größeren Mengen brauchten. So und ähnlich ist der Verlauf in vielen Gebieten Mitteleuropas während der 30er bis 50er Jahre gewesen, tschechische und polnische Züchter schildern das fast übereinstimmend. Und Ziel war vor allem erst Neonsalmler, später Diskus-Buntbarsche zu züchten. Aber mit diesen Bemühungen um die Wasserqualität wurde zugleich die Zucht zahlreicher anderer Salmler, Bärblinge, Zwergbuntbarsche und Labyrinthfische erschlossen, die bis dahin an zu hartem Wasser scheiterte.

Aber es gab auch noch einen anderen Weg. Die Aquarianer und Züchter machten die Erfahrung, daß manche anfangs empfindliche und nur schwierig zu vermehrende Arten nach einigen Generationen im Aquarium nicht mehr so anspruchsvoll waren wie die Importtiere. Aus der Vielzahl der Möglichkeiten, die eine Anzahl von Exemplaren bietet, hatten sich ohnehin nur die vermehrt, deren Bedürfnisse man im Aquarium erfüllen konnte. Aus solchen Nachzuchten ließen sich von Generation zu Generation mehr Paare finden, die auch mit weniger ausgesuchten Wasserqualitäten zu vermehren waren.

Solche Erfahrungen wurden oft zufällig gewonnen, zum Beispiel während länger dauernder Ausstellungen. Da fanden sich beim Abräumen der Aquarien Jungfische von Arten, die mit den örtlichen Wasserverhältnis-

Zuchtform „Diamantkopf“ vom Neonsalmler (Paracheirodon innesi)

Schleier-Zuchtform des Neonsalmlers (Paracheirodon innesi)

sen eigentlich nicht zu erwarten gewesen wären. So reduzierte sich der erforderliche Aufwand, weiches und saures Wasser heranschaffen oder herstellen zu müssen, gerade für eine Anzahl von Salmlern um so eher, je mehr Generationen bereits in Aquarien herangewachsen waren.

Durch mehrere Wohnungswechsel, bei denen ich einen Teil meiner gerade „in Arbeit" befindlichen Fische mitgenommen hatte, stellte ich fest, daß deren Nachzuchten unter den neuen Verhältnissen zunächst gravierend zurückgingen. Die dennoch aufgezogenen wenigen Jungfische wurden aber zur Ausgangsbasis für weitere, später wieder zahlreiche Zuchten. Bei beruflich jahrzehntelang tätigen Züchtern (oft setzten ja Söhne und Enkel die Tradition fort) bildeten sich „Hausstämme", die auf die dortigen Verhältnisse wie zugeschnitten waren. Mit denen kamen aber auch die erfahrenen Züchter in Schwierigkeiten, als durch Wasserverbundsysteme oder neue Bohrungen zur Gewährleistung des gestiegenen Trinkwasserbedarfs nicht mehr die gewohnten

Auch von Neonsalmlern (Paracheirodon innesi) gibt es Albinos

„Gold" nennt man eine xanthoristische Zuchtform des Neonsalmlers (Paracheirodon innesi), deren Augen nicht rot wie bei Albinos, sondern schwarz sind

Verhältnisse bestanden. So mußten gerade die Hochburgen der Neonzucht in Sachsen in den 70er Jahren erleben, daß ihre Vorherrschaft in der Neonzucht dramatisch zurückging. Das lag keinesfalls an der nun wieder strapazierten Inzucht- und Degenerationsdebatte – die Verhältnisse hatten sich geändert, und die Züchter hatten noch nicht genügend Zeit gehabt, um aus ihren Beständen dafür geeignete Tiere auszulesen und die alten Zuchtzahlen zu erreichen.

Eigene Versuche führten dazu, daß nach nur geringen Stückzahlen (sechs Fische von 100er Gelegen kamen auf), nach drei Generationen bereits 40 Jungtiere von 100 Eiern herangezogen werden konnten. Dabei waren dreijährige Männchen und junge Weibchen aus dem Handel willkürlich zusammengestellt und in Wasser von 10°dH (480 µS/cm) und einem pH-Wert von 7,0 zur Zucht angesetzt worden.

Die bisher geschilderten Vorgänge betrafen *Paracheirodon innesi*. Viel spröder verhielten sich die Roten Neon, *Paracheirodon axelrodi*, bei Nachzuchtversuchen. Zum Beispiel gelang nach meiner Kenntnis nur wenigen Liebhabern und Züchtern die Vermehrung mit Einzelpaaren. Auch ich hatte nur (bescheidene) Erfolge, wenn ich Gruppen von zehn Tieren – sechs Männchen und vier Weibchen – in nahezu einrichtungslosen 50 l-Aquarien ansetzte. Laichrost, etwas Javamoos und eine schwache Durchlüftung, Temperatur 25 bis 26°C. Die

Bei den Diamantkopf-Neons konzentriert sich der Glanz auf die Kopfregion

Wasserqualität von 1 bis 2°dH, pH 6,5, ergab sich aus wochenlang über Torf oder/und Erlenzäpfchen gefiltertem Regenwasser. Meine Fische laichten nur nachts, oft aber im Zuchtaquarium überhaupt nicht. Alle meine Verhaltensbeobachtungen des Ablaichens gelangen spät abends in eingerichteten und bepflanzten Aquarien bei für die Zucht ungeeigneten Wasserverhältnissen, wenn die Beleuchtung des betreffenden Aquariums ausgeschaltet und das Becken indirekt durch Raumleuchten oder ein in der Stellage benachbartes Aquarium schwach erhellt war. Die Leuchtstreifen der Fische waren dabei eine gute Beobachtungshilfe und ließen das Verfolgen der Paarungsabläufe bis zur Abschlußspirale einwandfrei zu.

Im Gegensatz zu den fast glasklaren Eiern von *P. innesi* sind die von *P. axelrodi* stets bräunlich, auch etwas kleiner. Die Zahl der abgegebenen Eier ist erheblich größer, 200 und mehr kann die Regel sein. Leider blieb ein großer Teil stets unbefruchtet, so daß ich nur maximal 18 Jungfische aus recht großen Gelegen aufziehen konnte, oft jedoch nur 6 bis 10. Die Jungfische drücken sich ebenso wie die von *P. innesi* an den Boden und sind schwer zu sehen. Die Aufzucht ist gleich, dauert aber bis zur Zentimetergröße länger, etwa fünf bis sechs Wochen – da können junge *P. innesi* schon 2 bis 2,5 cm lang sein.

Von der dritten Art, *Paracheirodon simulans*, wissen wir noch zu wenig, um ähnlich ausführliche Einschätzungen geben zu können. Das ist ein ganz anderer Fisch, der wahrscheinlich nicht mit den anderen beiden Arten näher verwandt ist. Der Leuchtstreifen zieht vom Auge in die Schwanzwurzel, bei den anderen beiden zur Fettflosse. Von *P. simulans* gibt es blaß rot-gelbe bis intensiv rote Populationen, doch ist die Art meist weniger intensiv farbig als die anderen beiden. wegen der Seltenheit auch meistens etwas teurer, so daß er bei den Liebhabern auch weitaus weniger bekannt wurde. Ähnlich wie bei anderen kleinen und etwas empfindlicheren Salmlern leiden vor allem die Männchen unter den Bedingungen des Handels, und so kann es mühsam sein, unter den angebotenen Fischen überhaupt Männchen zu finden, zumal, wenn sie in geringer Größe importiert wurden.

Die Färbung des Blauen Neons (Paracheirodon simulans) hängt stark von den Haltungsbedingungen ab

Diese Fische wurden von der Aquaristik ganz allgemein nicht angenommen. Während *P. axelrodi* eine optische Steigerung von *P. innesi* darstellt, zeigt *P. simulans* meistens erst nach längerer Eingewöhnungszeit und auch nur in weichem, getorftem Wasser annähernd gleiche Farbintensität.

P. simulans läßt sich nicht so leicht wie *P. innesi*, nach meinen und anderer Züchter Erfahrun-

Axelrodia stigmatias ist ein selbst leuchtender, zarter Beifisch für Blaue Neons (Paracheirodon simulans)

links unten: Axelrodia risei mit Leuchtflecken an der Schwanzwurzel
rechts unten: Viele Glanz- und Leuchteffekte zeigt der Diamantsalmler (Astyanax leopoldi)

gen etwa so wie *P. axelrodi* vermehren, ist aber längst nicht so produktiv. Vor allem die Jungfische bleiben lange Zeit hindurch empfindlich gegenüber auftretenden Infusorientrübungen und wachsen extrem langsam. Die Mühen der Aufzucht werden nicht mit nennenswerten Stückzahlen belohnt, denn diese Fische sind nach meinen Erfahrungen Dauerlaicher, die pro Tag und Weibchen höchstens zehn Eier legen, wenn auch etwa eine Woche hindurch. Ich fand gestaffelte Jungfischgrößen zwischen neun und zwei Tieren. Daraus läßt sich schlußfolgern, daß von der ersten Serie die meisten, von späteren Laichabgaben nur weniger Jungfische aufkamen, weil die älteren schon nach den jüngeren jagten.

Andere „Neon"salmer

Die große Popularität des ersten Neonsalmlers führte dazu, weitere Fische mit leuchtenden, oder – wie wir inzwischen wissen – richtiger spiegelnden Längsstreifen ebenfalls mit dem Beinamen „Neon" zu versehen.

Glühlichtsalmler,
Hemigrammus erythrozonus
Eigenartigerweise wurde in diesem Zusammenhang der tatsächlich relativ nahe verwandte Glühlichtsalmler, heute *Hemigrammus erythrozonus* ge-

nannt, niemals so gesehen und angeboten. Dabei würde seine rote Färbung dem physikalischem Neonlicht weitaus eher entsprechen als das blaue Leuchtband der Neonsalmler im engeren Sinne. Er ist auch seit 1956 bis zur Gegenwart wissenschaftlich in der Gattung *Hemigrammus* verblieben, obgleich eine Anzahl von Merkmalen und Verhaltensweisen ihn weitaus eher als andere Fische in diese Gruppierung führen, zum Beispiel der Falsche Neonsalmler, *Paracheirodon simulans*, der nur erscheinungsbildlich ähnlich ist.

Glühlichtsalmler aus dem nordöstlichen Südamerika sollten wie Neonsalmler gehalten und behandelt werden, dann kommen sie am besten zur Geltung. Dunkler Bodengrund und wenigstens zum Teil beschattete Aquarienpartien lassen die Leuchtkraft des roten Bandes besser hervortreten als weißer Kies und lockere Bepflanzung. Auch die Zucht gelingt, wenn man wie bei *P. innesi* verfährt.

Costello-Salmler,
Hemigrammus hyanuary
Der in den 50er Jahren für die Aquaristik entdeckte Costello-Salmler war wohl der erste mit dem verführerischen Beinamen als „Grüner Neon“ angebotene Fisch, der mit den bis dahin bekannten *Paracheirodon innesi* aber verwandtschaftlich nichts zu tun hat. Noch heute wird er in englischsprachiger Aquarienliteratur als „Neon costello“ bezeichnet. Wissenschaftlich war der Fisch aber bereits seit 1909 bekannt, jedoch noch nicht lebend nach Europa eingeführt worden. Sein rot-grün wechselndes leuchtendes

Glühlichtsalmler (Hemigrammus erythrozonus) zeigen das typische rote Neonleuchten

oben: Hemigrammus hyanuary wurde als „Grüner Neon" eingeführt

Längsband strahlte bei den ersten Importen auf dem rußig schwarzen Untergrund der Körperfärbung. Die leichtere Züchtbarkeit hat den Fischen leider geschadet. Durch mangelhafte Selektion wurde auf gute Kontraste nicht geachtet, so daß sich die Art heute als blaßgrauer Fisch mit gelb-grünen Streifen darstellt. Die Haltung in den Aquarien des Handels auf weißem Sand tut ein übriges, so daß die eigentlich sehr aparten Tiere als kaum noch verkäuflich gelten.

Schwarzer Flaggensalmler,
Schwarzer Neon,
Hyphessobrycon herbertaxelrodi
Weitaus beständiger im Handelssortiment ist dagegen der zunächst als „Schwarzer Neon“ angepriesene Schwarze Flaggensalmler, *Hyphessobrycon herbertaxelrodi*. Bei diesen sehr dekorativen Fischen ist das tiefschwarze breite Längsband ein guter Kontrast zu dem intensiv grünen Leuchtband. Die Art ist seit dem Ende der 50er Jahre im Handel stabil verbreitet und hat den nahe verwandten Dreibandsalmler, *H. heterorhabdus*, völlig verdrängt. Auch dieser Fisch gehört nicht in die nähere Verwandtschaft der Neonsalmler, ist körperlich gänzlich anders gebaut und lebt eher in Oberflächennähe als am Boden, wie die Neonsalmler.

Ähnliche Fische aus Südostasien

Kardinalfisch,
Tanichthys albonubes
Den Beinamen „-Neon“ erhielt schon sehr früh ein Bärbling aus Süd-China, der 1938 in Europa bekannt wurde und sich leicht vermehren ließ. Kardinalfische,

links unten: Schlußlichtsalmler (Hemigrammus ocellifer) leuchten punktuell, rechts oben: Karfunkelsalmler (Hemigrammus pulcher) – ein Schwarm mit Leuchtpukten, rechts unten: Grüne Morphe von Rasbora axelrodi

oben und unten: Grün- und Rottöne leuchten bei Rasbora axelrodi ähnlich den Neonsalmlern

Tanichthys albonubes, die vor allem als Jungfische intensiv blau leuchten, bekamen wegen ihres geringen Preises die Bezeichnung „Arbeiter-Neon".

Jungfische halten sich unter der Oberfläche auf und leuchten schon nach wenigen Tagen intensiv blau bzw. rötlich, falls es sich um die Lokalform mit weißen Flossenrändern handelt, die auch als Venusfisch bezeichnet wurde. Junge Neonsalmler dagegen sind zunächst glasig durchsichtig, färben dann vom Schwanzstiel her rötlich ein und bekommen den ersten Blauschimmer am Ende der zweiten Lebenswoche. Damit können Jungfische von Neonsalmlern niemals mit denen von Kardinalfischen verwechselt werden.

Glühlicht-Rasbora,
Rasbora pauciperforata
In den Kleingewässern Südost-Asiens kommen Bärblinge vor, die in dieser Region eine ähnliche Aufgliederung erfahren haben, wie die Salmler in Süd-Amerika und im tropischen

Afrika. So finden sich besonders in der Gattung *Rasbora* einige Arten, die Salmlern in Körperbau und Färbung äußerst ähnlich sind.

Schon lange kennt man die durch einen leuchtend roten Längsstreifen auffällige *Rasbora pauciperforata*, die im Habitus dem Glühlichtsalmler, *Hemigrammus erythrozonus*, verblüffend ähnelt. Es ist noch bemerkenswerter, daß zuchtpraktisch diese und ähnliche *Rasbora*-Arten wie Neonsalmler zu behandeln sind. Sie fühlen sich am wohlsten in nicht zu hellen Aquarien über dunklem Bodengrund, sollten in weichem Wasser bis höchstens 10°dH gehalten werden und bevorzugen gerbstoffhaltiges aber klares Wasser mit einem pH-Wert unter 7.

Neon-Rasbora,
Rasbora axelrodi
Seit 1976 wurde mit diesem Fisch der „Neon Südost-Asiens" in der Aquaristik bekannt. Auch diese kleinen Fische zeigen im Bereich des Rückens und der Körperseiten blaue Glanzzonen, während Bauch und Schwanzstiel intensiv rot getönt sind. Da sie unter ähnlichen Bedingungen leben wie die vergleichbaren Salmler aus Südamerika, treffen für die Herausbildung solcher Merkmale ganz offensichtlich die gleichen Ausleseprinzipien zu: beschattete Kleingewässer, in denen die Glanzeffekte den Zusammanhalt des Schwarmes erleichtern und durch diesen optischen Trick räuberischen Fischen das Fixieren eines Beutetieres erschweren.

Unter ähnlichen Bedingungen wie Glühlichtsalmler leben in Südostasien die rot glänzenden Glühlicht-Rasboras (Rasbora pauciperforata)

Kardinalfische (Tanichthys albonubes) in ihrer verbreitetsten Form (oben) und in der Lokalform mit weißen Flossen (Venus-Kardinal, unten) leuchten im Jugendstadium intensiv blau bzw. rötlich